# 22 Estrategias Efectivas de Marketing y SEO Local:

## Impulsa tu Negocio hacia el Éxito con Inteligencia Artificial

Claudio Montes

Copyright © 2024 Claudio Montes

Todos los derechos reservados.

ISBN: 9798320237909

# Bienvenida

Mi nombre es Claudio Montes, y me complace darte la bienvenida a este libro dedicado a explorar el mundo del Marketing para negocios locales. Soy diseñador gráfico de profesión con más de 20 años de experiencia en el mundo digital y el desarrollo de sitios web. He tenido el privilegio de participar en la transformación y evolución de los medios tradicionales y los negocios en general hacia el mundo online a lo largo de estos años.

Mi viaje en el mundo del Internet me ha llevado a especializarme en un campo particularmente apasionante y desafiante: el marketing digital. Durante más de cuatro años, he estado dedicado a entender las complejidades y las oportunidades únicas que ofrece este sector específico. He trabajado con negocios locales de distintos sectores, desde clínicas dentales, pasando por bares y hasta fábricas de muebles en distintas ciudades.

A lo largo de esta experiencia, he aprendido la importancia de adaptar estrategias efectivas a las necesidades y desafíos únicos de los negocios. Por eso, he dedicado estos años a perfeccionar estas estrategias, y ahora quiero compartir ese conocimiento contigo.

Este libro está diseñado para servir como una guía integral que te ayudará a navegar por el emocionante mundo del marketing local.

Permíteme compartir contigo las estrategias y conocimientos que te ayudarán a impulsar tu negocio local hacia el éxito.

# Índice

Bienvenida 5
Introducción 7
1: SEO On-Page para localización 15
2: Generación de reseñas locales 19
3: Optimización para dispositivos móviles 23
4: Participación en directorios locales y listados de negocios 27
5: Geotargeting en anuncios digitales 31
6: Optimización de Google My Business 35
7: Seguimiento y análisis de resultados 39
8: Utilización de palabras clave long-tail locales 43
9: Fomento de la participación en redes sociales 47
10: Optimización de Landing Pages locales 51
11: Publicación de contenido en blogs locales 55
12: Ofertas y promociones locales 59
13: Participación en programas de asociación con organizaciones locales 63
14: Organización de eventos locales 67
15: Creación de contenido localmente relevante 71
16: Participación en entrevistas en medios locales 75
17: Publicidad en publicaciones impresas locales 79
18: Colaboración con influencers locales 83
19: Participación en programas de radio o podcasts locales 87
20: Organización de concursos o sorteos locales 91
22: Patrocinio de eventos locales 99
Conclusión 103

# Introducción

En un mundo donde la presencia en línea es crucial para el éxito de cualquier negocio, dominar las estrategias de marketing y SEO local se convierte en una prioridad ineludible para los emprendedores y propietarios de negocios. Desde las acogedoras cafeterías en la esquina hasta los talleres de artesanía en los vecindarios más pintorescos, cada empresa tiene el potencial de destacar en su comunidad y atraer clientes locales de manera efectiva. Sin embargo, lograr este objetivo requiere un enfoque estratégico, innovador y adaptado a las peculiaridades de cada entorno.

Este libro, es una guía exhaustiva diseñada para ayudar a los propietarios de negocios locales a navegar por el complejo mundo del marketing digital y el SEO local. A través de estas páginas, exploraremos las herramientas, técnicas y tácticas más efectivas que utilizan la inteligencia artificial y la automatización para potenciar la visibilidad y el crecimiento de tu negocio en tu área local.

## El poder del Marketing y SEO local

El marketing y el SEO local son los pilares fundamentales sobre los cuales se construye la presencia en línea de un negocio dentro de su comunidad. Estas estrategias no solo aumentan la visibilidad del negocio ante los clientes locales, sino que también generan confianza, autoridad y lealtad en la base de clientes existente y potencial. Al comprender y aplicar de manera efectiva estas estrategias, los propietarios de negocios pueden transformar su presencia en línea en una poderosa herramienta para impulsar el crecimiento y la rentabilidad.

## ¿Qué es SEO local?

El SEO local, o Search Engine Optimization Local, es una estrategia de marketing digital diseñada específicamente para mejorar la visibilidad de un negocio en línea en búsquedas locales relevantes. En otras palabras, se trata de optimizar la presencia en línea de un negocio para que aparezca en los resultados de búsqueda cuando las personas buscan productos o servicios en su área geográfica.

El SEO local se ha convertido en un componente esencial para cualquier negocio local que desee destacar en su comunidad y atraer clientes potenciales. A diferencia del SEO tradicional, que se enfoca en clasificar a nivel nacional o global, el SEO local se centra en la optimización de la presencia en línea de un negocio para búsquedas específicas de una ubicación geográfica determinada.

Una de las principales características del SEO Local es su capacidad para ayudar a las pequeñas empresas a competir de manera efectiva con grandes empresas en su área de servicio. Al optimizar su presencia en línea de manera local, las empresas locales pueden aparecer en los resultados de búsqueda cuando los usuarios buscan productos o servicios cercanos, lo que les brinda una ventaja competitiva significativa.

Las estrategias de SEO local suelen incluir la optimización de perfiles en directorios locales, la creación de contenido localmente relevante, la generación de reseñas positivas de clientes locales y la optimización de palabras clave específicas de la ubicación. Además, el SEO local también implica la optimización técnica del sitio web, como la optimización de etiquetas meta, la estructura del sitio y la velocidad de carga.

## La importancia de la Inteligencia Artificial

En la era digital actual, la inteligencia artificial (IA) ha emergido como una fuerza disruptiva que está transformando radicalmente la forma en que se lleva a cabo el marketing y el SEO. Desde algoritmos de búsqueda más sofisticados hasta soluciones de análisis de datos avanzadas, la IA ofrece a los negocios locales una gama de herramientas poderosas para optimizar su presencia en línea y alcanzar a su audiencia objetivo de manera más eficiente. En este libro, exploraremos cómo la inteligencia artificial puede potenciar cada una de las estrategias de marketing y SEO local que presentamos.

## ¿Qué es Chat GPT?

En la era digital actual, la tecnología avanza a pasos agigantados, y con ella, surgen innovaciones que transforman la manera en que hacemos negocios, nos comunicamos y brindamos servicios de atención médica, incluyendo la odontología. Una de estas innovaciones que ha revolucionado el mundo de la comunicación y el marketing es la inteligencia artificial, y en particular, GPT-3, un modelo de procesamiento de lenguaje natural creado por OpenAI.

## El surgimiento de Chat GPT

GPT-3, o Generative Pre-trained Transformer 3, es una de las creaciones más notables en el campo de la inteligencia artificial. Desarrollado por OpenAI, GPT-3 es un modelo de lenguaje que se entrena en una vasta cantidad de datos textuales de Internet, lo que le permite comprender y generar texto de manera sorprendentemente coherente y contextual. Chat GPT es una aplicación específica de este modelo que permite la conversación y la generación de texto en lenguaje natural.

La historia de GPT-3 y su evolución se basa en décadas de investigación en el campo de la inteligencia artificial. A medida que los algoritmos y las capacidades de procesamiento de lenguaje natural han mejorado, GPT-3 ha emergido como una de las creaciones más avanzadas y versátiles en su categoría. Su capacidad para entender el contexto, responder preguntas y generar texto coherente ha despertado un gran interés en diversas industrias.

## La revolución de Chat GPT

La verdadera revolución de Chat GPT radica en su capacidad para interactuar de manera casi humana con las personas. A medida que la inteligencia artificial se integra en más aspectos de nuestras vidas, desde asistentes virtuales hasta chatbots en sitios web, Chat GPT se destaca como una herramienta versátil que puede transformar la forma en que las empresas se relacionan con sus clientes y pacientes.

En el ámbito de la odontología y la atención médica en general, Chat GPT está redefiniendo la generación de contenido relevante y la comunicación con los pacientes con respuestas rápidas fluidas y coherentes y programando citas las 24 horas del día, los 7 días de la semana.

## ¿Qué encontrarás en este libro?

Este libro es más que una simple recopilación de tácticas y consejos. Es una hoja de ruta completa que te guiará paso a paso en el proceso de optimización de la presencia en línea de tu negocio local. Desde la creación de perfiles en directorios locales hasta la optimización de tu sitio web para búsquedas locales, cada estrategia presentada en este libro está respaldada por datos, ejemplos reales y consejos prácticos para garantizar su implementación exitosa.

A lo largo de las páginas de este libro, aprenderás:

Optimizar tu sitio web y contenido para búsquedas locales y obtener una clasificación más alta en los motores de búsqueda.

Sacar provecho de las plataformas de redes sociales y herramientas de marketing de IA para llegar a tu audiencia local de manera efectiva.

Implementar estrategias de publicidad en línea que maximicen tu retorno de inversión (ROI) en el ámbito local.

y mucho más.

## Chat GPT

Para comenzar a interactuar con Chat GPT, debes entrar al siguiente sitio web y crear una cuenta en:

https://chat.openai.com/

Te recomiendo que vayas creando distintos Chat, dependiendo de lo que quieras preguntar, ya cada chat servirá como contexto para seguir haciendo preguntas en base al mismo tema. Las preguntas o instrucciones que se le hacen a Chat GPT se conocen técnicamente como **prompt** o **comando**.

Para que las respuestas de Chat GPT sean más precisas puedes decirle que tome un rol específico.

Por ejemplo:

"**Actúa como un experto redactor de contenido y crea una publicación para Facebook acerca de la importancia y ventajas de adquirir productos de buena calidad**"

También puedes darle más contexto a tus preguntas, y las respuestas que obtengas serán más certeras a la realidad de tu negocio.

Por ejemplo:

**"Soy dueño de una barbería en un barrio comercial de Ciudad de México, mis principales clientes son oficinistas entre 30 a 45 años que trabajan en el sector y mis principales servicios son recorte y cuidado de barba y peluquería de estilo. Dame 3 ideas de cómo aumentar mis clientes por Instagram."**

Ahora sí, comencemos con las estrategias.

# 1: SEO On-Page para localización

El SEO (Search Engine Optimization) juega un papel fundamental en la visibilidad y el éxito de cualquier negocio en línea. Y cuando se trata de atraer clientes locales y destacar en el ámbito geográfico específico de tu negocio, el SEO On-Page para localización se convierte en tu mejor aliado.

## ¿Qué es el SEO On-Page para localización?

El SEO On-Page para localización se refiere a la optimización de elementos dentro de tu propio sitio web para mejorar su visibilidad en las búsquedas locales. Esto implica ajustar el contenido y la estructura de tu sitio web para que sea más relevante y atractivo para los usuarios que realizan búsquedas en tu área geográfica.

## Utiliza palabras clave relevantes para tu área

Una de las estrategias fundamentales del SEO On-Page para localización es utilizar palabras clave relevantes para tu área en el contenido de tu sitio web. Esto significa identificar las palabras y frases que las personas utilizan cuando buscan productos o servicios en tu localidad y asegurarte de que estén presentes en tu sitio web.

## Incorpora tu ubicación en el contenido

Es crucial incluir tu ubicación en el contenido de tu sitio web de manera orgánica y natural. Esto puede hacerse de varias formas, como mencionar la ubicación en el texto de la página, en los títulos y encabezados, así como en las metadescripciones. Por ejemplo, si tienes una panadería en Madrid, puedes incluir frases como "panadería artesanal en el centro de Madrid" o "servicio de entrega de pasteles a domicilio en Madrid".

## Importancia de la metadescripción localizada

La metadescripción es el fragmento de texto que aparece debajo del título de una página en los resultados de búsqueda. Es importante incluir tu ubicación en la metadescripción para que los usuarios sepan de inmediato que tu negocio atiende a su área geográfica. Además, una metadescripción localizada puede aumentar la tasa de clics al atraer la atención de los usuarios locales.

## Ideas para implementar el SEO On-Page para localización

**Investiga Palabras Clave Locales:** Utiliza herramientas como **Google Keyword Planner** o **SEM Rush** para identificar palabras clave relevantes para tu área geográfica. Presta atención a los términos de búsqueda que incluyan el nombre de tu ciudad o barrio.

**Optimiza los Títulos y Encabezados:** Asegúrate de que los títulos y encabezados de tus páginas incluyan palabras clave relevantes para tu área. Esto no solo mejora tu SEO, sino que también proporciona a los usuarios una idea clara de la ubicación de tu negocio.

**Actualiza tu Información de Contacto:** Verifica que la información de contacto de tu sitio web, como la dirección y el número de teléfono, esté actualizada y sea consistente en todas las páginas. Esto es crucial para el SEO Local y la confianza del usuario.

**Crea Contenido Localmente Relevante:** Produce contenido que sea específico para tu área geográfica, como guías locales, reseñas de lugares de interés o noticias de la comunidad. Esto no solo mejora tu SEO, sino que también demuestra tu compromiso con la comunidad local.

Implementar estas estrategias de SEO On-Page para localización te ayudará a mejorar tu posicionamiento en las búsquedas locales y a atraer más clientes potenciales en tu área geográfica.

## Ideas de Prompt para Chat GPT para obtener palabras clave y títulos relevantes

"¿Cuáles son algunas palabras clave relevantes para un restaurante en Barcelona?"

"Escribe un título atractivo para una tienda de moda en Buenos Aires que se especializa en ropa vintage."

"¿Qué metadescripción sugerirías para una peluquería en Valencia?"

"Explícame cómo optimizar los encabezados de una página web para un hotel en Santiago de Chile."

"¿Cuál es la importancia de incluir la ubicación en el contenido de un sitio web para una floristería en Lima?"

Estos prompts pueden ayudar a generar palabras clave relevantes y títulos atractivos para sitios web en diferentes industrias y ubicaciones geográficas.

# 2: Generación de reseñas locales

Las reseñas en línea se han convertido en uno de los factores más importantes en la toma de decisiones de los consumidores. En el mundo digital actual, donde la confianza es clave, las opiniones de otros clientes pueden influir significativamente en la percepción de un negocio y en la decisión de compra de los usuarios. Por eso, la generación de reseñas locales se ha vuelto una estrategia fundamental para cualquier empresa que desee destacar en su área geográfica.

## La importancia de las reseñas locales

Las reseñas locales son testimonios de la experiencia de los clientes con tu negocio, compartidos en plataformas como **Google**, **Yelp**, **Facebook** y otros directorios locales. Estas reseñas no solo ofrecen información valiosa a otros usuarios que están considerando utilizar tus productos o servicios, sino que también tienen un impacto directo en tu visibilidad en línea.

## Influencia en la decisión de compra

Las reseñas positivas actúan como una poderosa herramienta de persuasión para los consumidores. Los clientes potenciales confían en las opiniones de otros usuarios para evaluar la calidad, fiabilidad y satisfacción de un negocio antes de tomar una decisión de compra.

De hecho, estudios han demostrado que la mayoría de los consumidores confían tanto en las reseñas en línea como en las recomendaciones personales.

## Mejora de la visibilidad en los resultados de búsqueda locales

Además de su influencia en la toma de decisiones de los consumidores, las reseñas positivas también juegan un papel crucial en el SEO local. Los motores de búsqueda como Google tienen en cuenta la cantidad y calidad de las reseñas al determinar el ranking de un negocio en los resultados de búsqueda locales. Por lo tanto, cuanto más positivas sean las reseñas de tu negocio, mayor será tu visibilidad en línea.

## Estrategias para incentivar reseñas positivas

**Ofrece un Excelente Servicio al Cliente:** La mejor manera de obtener reseñas positivas es brindar una experiencia excepcional a tus clientes. La satisfacción del cliente es la clave para recibir opiniones favorables y fomentar la lealtad a largo plazo.

**Solicita Reseñas de Forma Activa:** No temas pedir a tus clientes que dejen una reseña después de haber tenido una experiencia positiva con tu negocio. Puedes hacerlo de forma sutil al finalizar una transacción o mediante un correo electrónico de seguimiento.

**Facilita el Proceso de Dejar Reseñas:** Haz que sea fácil para tus clientes dejar reseñas. Proporciona enlaces directos a las plataformas de reseñas en tu sitio web o en los correos electrónicos de seguimiento, y asegúrate de que el proceso sea simple y rápido.

**Ofrece Incentivos o Descuentos:** Considera ofrecer incentivos, como descuentos o regalos, a los clientes que dejen una reseña positiva. Sin embargo, asegúrate de cumplir con las políticas de las plataformas de reseñas y de no influir en la honestidad de las opiniones.

## Ideas de prompt para Chat GPT

"¿Cómo puedo solicitar de manera efectiva a mis clientes que dejen reseñas en línea?"

"Escribe un correo electrónico de seguimiento para pedir a un cliente que deje una reseña positiva en Google."

"¿Cuáles son algunas estrategias éticas para incentivar a los clientes a dejar reseñas sin violar las políticas de las plataformas?"

"Explícame cómo puedo promover la generación de reseñas positivas entre mis clientes sin parecer demasiado insistente."

**"¿Qué debo tener en cuenta al responder a las reseñas, tanto positivas como negativas, de mis clientes en línea?"**

Estos prompts pueden ayudarte a generar ideas sobre cómo solicitar de manera efectiva reseñas positivas a tus clientes y cómo manejarlas una vez que las recibas.

# 3: Optimización para dispositivos móviles

En la era digital actual, el uso de dispositivos móviles ha superado con creces al de las computadoras de escritorio, especialmente cuando se trata de búsquedas locales. Por lo tanto, asegurarse de que tu sitio web esté optimizado para dispositivos móviles es más que una opción: es una necesidad imperiosa para cualquier negocio que desee destacar en el mercado local.

## Importancia de la optimización para dispositivos móviles

La optimización para dispositivos móviles se refiere al proceso de adaptar el diseño, la estructura y el contenido de tu sitio web para que se vea y funcione de manera óptima en dispositivos móviles, como teléfonos inteligentes y tabletas. Esta optimización es fundamental debido al creciente número de usuarios que acceden a internet a través de dispositivos móviles, especialmente cuando realizan búsquedas locales.

## Experiencia de usuario móvil amigable

Una experiencia de usuario móvil amigable es crucial para atraer y retener visitantes locales en tu sitio web. Los usuarios móviles esperan una navegación suave y rápida, así como un diseño receptivo que se adapte automáticamente al tamaño de su pantalla. Un sitio web que no esté optimizado para dispositivos móviles corre el riesgo de perder visitantes y clientes potenciales.

## Beneficios de la optimización para dispositivos móviles

**Mejora la experiencia del usuario:** Un sitio web optimizado para dispositivos móviles proporciona una experiencia de usuario mejorada, lo que aumenta la satisfacción del usuario y la probabilidad de conversión.

**Mayor visibilidad en las búsquedas locales:** Google y otros motores de búsqueda priorizan los sitios web optimizados para dispositivos móviles en los resultados de búsqueda móvil, lo que mejora tu visibilidad y clasificación en las búsquedas locales.

**Reducción de la tasa de rebote:** Los usuarios móviles tienden a abandonar los sitios web que no se cargan correctamente o que tienen una navegación complicada. La optimización para dispositivos móviles ayuda a reducir la tasa de rebote al proporcionar una experiencia de usuario más satisfactoria.

# Estrategias de optimización para dispositivos móviles

**Utiliza un diseño responsivo:** Adopta un diseño web responsivo que se ajuste automáticamente al tamaño de la pantalla del dispositivo. Esto garantizará una experiencia de usuario consistente en todos los dispositivos y evitará la necesidad de mantener múltiples versiones del sitio web.

**Optimiza la velocidad de carga:** Asegúrate de que tu sitio web se cargue rápidamente en dispositivos móviles mediante la optimización de imágenes, la compresión de archivos y la eliminación de elementos superfluos que puedan ralentizar el rendimiento.

**Simplifica la navegación:** Simplifica la navegación en tu sitio web para dispositivos móviles, utilizando menús desplegables, botones grandes y claros, y una estructura de página limpia y fácil de entender.

**Prioriza el contenido relevante:** Destaca el contenido más relevante y útil para los usuarios móviles, como la información de contacto, las reseñas de clientes y los botones de llamada a la acción, para facilitar su acceso y aumentar la participación.

# Ideas de prompt para Chat GPT

"¿Cómo puedo mejorar la velocidad de carga de mi sitio web en dispositivos móviles?"

"Escribe una descripción de cómo debería verse un menú de navegación optimizado para dispositivos móviles."

"¿Cuáles son algunas técnicas efectivas para simplificar el diseño de un sitio web para dispositivos móviles?"

"Explícame cómo puedo asegurarme de que mi sitio web sea completamente accesible y funcional en dispositivos móviles y tabletas."

"¿Qué elementos debo priorizar en la versión móvil de mi sitio web para mejorar la experiencia del usuario?"

Estos prompts pueden ayudar a generar ideas sobre cómo optimizar un sitio web para dispositivos móviles y mejorar su rendimiento y usabilidad en este tipo de dispositivos.

# 4: Participación en directorios locales y listados de negocios

Los directorios locales y los listados de negocios en línea son herramientas poderosas para aumentar la visibilidad de tu negocio en el ámbito local y mejorar tu presencia en línea. Al registrarte en estos directorios y listados, no solo incrementarás tu exposición ante potenciales clientes locales, sino que también obtendrás valiosos enlaces de retroceso que fortalecerán la autoridad de tu sitio web en los motores de búsqueda.

## Importancia de los directorios locales y listados de negocios

Los directorios locales y los listados de negocios en línea son plataformas que permiten a los usuarios buscar y encontrar información sobre empresas y servicios en su área geográfica. Estos directorios son especialmente útiles para personas que buscan productos o servicios locales, ya que proporcionan una lista organizada de opciones disponibles en su localidad.

## Mejora de la visibilidad en las búsquedas locales

Registrarse en directorios locales y listados de negocios en línea es una estrategia efectiva para mejorar tu visibilidad en las búsquedas locales. Cuando los usuarios buscan productos o servicios en su área, es probable que consulten directorios locales para obtener información y recomendaciones. Al estar presente en estos directorios, aumentarás las probabilidades de que tu negocio sea encontrado por clientes potenciales en tu área geográfica.

## Obtención de enlaces de referencia valiosos

Además de mejorar tu visibilidad en línea, participar en directorios locales y listados de negocios te brinda la oportunidad de obtener enlaces de referencia (backlinks) a tu sitio web. Estos enlaces son importantes para el SEO, ya que indican a los motores de búsqueda que tu sitio web es una fuente confiable y relevante de información. Cuantos más enlaces de referencia de calidad tengas apuntando hacia tu sitio, mayor será tu autoridad y clasificación en los resultados de búsqueda.

## Estrategias para participar en directorios de negocios locales

**Identifica los directorios relevantes:** Investiga y encuentra los directorios locales y listados de negocios en línea más relevantes para tu área geográfica y tu industria. Presta atención a directorios específicos de tu ciudad o región, así como a listados de empresas en tu sector.

**Completa tu perfil de negocio:** Registra tu negocio en cada directorio o listado y completa tu perfil con información detallada y precisa. Asegúrate de incluir tu nombre comercial, dirección, número de teléfono, horario de atención, sitio web y una descripción clara de tus productos o servicios.

**Optimiza tus listados para SEO:** Utiliza palabras clave relevantes en la descripción de tu negocio y en los campos de texto disponibles en el perfil del directorio. Esto ayudará a mejorar tu visibilidad en las búsquedas locales y atraerá a clientes potenciales que estén buscando productos o servicios como los tuyos.

**Mantén tu información actualizada:** Revisa regularmente tus listados en los directorios locales y asegúrate de que la información de tu negocio esté actualizada y precisa. Esto incluye cambios en la dirección, número de teléfono, horario de atención y cualquier otra información relevante.

## Ideas de Prompt para Chat GPT

"¿Cómo puedo encontrar directorios locales relevantes para mi negocio en línea?"

"Escribe una descripción convincente para mi negocio que pueda utilizar en los directorios locales."

"¿Cuáles son algunos directorios de negocios en línea

populares que debería considerar para registrar mi empresa?"

"Explícame cómo puedo optimizar mi perfil en los directorios locales para mejorar mi visibilidad en línea."

"¿Qué debo tener en cuenta al mantener actualizada la información de mi negocio en los directorios locales?"

Estos prompts pueden ayudar a generar ideas sobre cómo participar de manera efectiva en directorios de negocios locales y aprovechar al máximo esta estrategia para mejorar la visibilidad de tu negocio en línea.

# 5: Geotargeting en anuncios digitales

En el mundo del marketing digital, la capacidad de llegar a tu audiencia objetivo de manera precisa y efectiva es fundamental para el éxito de cualquier campaña publicitaria. El geotargeting en anuncios digitales es una estrategia poderosa que te permite dirigirte específicamente a usuarios dentro de tu área de servicio, maximizando así el retorno de inversión al conectar con clientes potenciales que se encuentran físicamente cerca de tu negocio.

## ¿Qué es el Geotargeting en anuncios digitales?

El geotargeting, también conocido como targeting geográfico, es una técnica de segmentación que permite a los anunciantes mostrar sus anuncios solo a usuarios ubicados en una determinada área geográfica. Esto se logra utilizando la geolocalización de los dispositivos móviles o la dirección IP de los usuarios para determinar su ubicación física y mostrarles anuncios relevantes basados en esa ubicación.

## Maximizando el retorno de inversión

El geotargeting en anuncios digitales es una estrategia altamente efectiva para maximizar el retorno de inversión en tus campañas publicitarias. Al dirigir tus anuncios específicamente a usuarios dentro de tu área de servicio, aumentas la probabilidad de llegar a clientes potenciales que tienen más probabilidades de estar interesados en tus productos o servicios. Esto significa que estás invirtiendo tu presupuesto publicitario de manera más eficiente al dirigirte a una audiencia altamente relevante.

## Ejemplos de Geotargeting en anuncios digitales

Imagina que tienes una cafetería en el centro de una ciudad y quieres promocionar tus especiales de desayuno. Utilizando el geotargeting en tus anuncios digitales, puedes dirigir tus anuncios específicamente a usuarios que se encuentran dentro de un radio de 5 kilómetros de tu ubicación. De esta manera, estás llegando directamente a las personas que tienen más probabilidades de visitar tu cafetería y aprovechar tus ofertas.

## Implementación del Geotargeting en anuncios digitales

**Selecciona las áreas relevantes:** Identifica las áreas geográficas que son más relevantes para tu negocio y donde se encuentra tu audiencia objetivo. Puedes segmentar por ciudad, código postal, área metropolitana o incluso establecer un radio específico alrededor de tu ubicación.

**Configura tus campañas publicitarias:** Utiliza plataformas publicitarias como Meta Ads o Google Ads para configurar tus campañas publicitarias y definir la segmentación geográfica. Estas plataformas te permiten especificar las ubicaciones objetivo y establecer un radio de geolocalización para tus anuncios.

**Optimiza tus anuncios para la ubicación:** Asegúrate de que tus anuncios sean relevantes para la ubicación específica a la que te estás dirigiendo. Esto puede incluir mencionar la ubicación en el texto del anuncio, destacar ofertas o eventos locales y utilizar imágenes que resuenen con tu audiencia local.

**Realiza un seguimiento y optimización constante:** Monitorea el rendimiento de tus campañas geotargeting y realiza ajustes según sea necesario. Esto puede incluir cambiar las ubicaciones objetivo, ajustar el radio de geolocalización o refinar tu estrategia de oferta para maximizar los resultados.

## Ideas de Prompt para Chat GPT

**"¿Cómo puedo geolocalizar mis anuncios en Meta Ads para dirigirme específicamente a usuarios en mi área de servicio?"**

**"Escribe un texto de anuncio para Google Ads que esté optimizado para la geolocalización y dirigido a usuarios en una ciudad específica."**

"¿Cuáles son algunas estrategias efectivas para maximizar el impacto de mis anuncios geotargeting en Facebook?"

"Explícame cómo puedo utilizar el geotargeting en mis campañas de publicidad digital para promocionar eventos locales o ofertas especiales."

"¿Qué debo tener en cuenta al establecer el radio de geolocalización para mis anuncios digitales en una plataforma como Google Ads?"

Estos prompts pueden ayudar a generar ideas sobre cómo implementar efectivamente el geotargeting en anuncios digitales y aprovechar al máximo esta estrategia para llegar a tu audiencia objetivo de manera precisa y eficiente.

# 6: Optimización de Google My Business

En el mundo digital actual, Google My Business o Google Business Profile, se ha convertido en una herramienta indispensable para cualquier negocio local que desee destacar en los resultados de búsqueda locales. Este servicio gratuito de Google te permite reclamar y optimizar tu perfil de negocio en la plataforma, lo que puede tener un impacto significativo en tu visibilidad en línea y en tu capacidad para atraer clientes locales.

## ¿Qué es Google My Business?

Google My Business es una plataforma proporcionada por Google que permite a los propietarios de negocios gestionar la información de su empresa en la Búsqueda de Google y en Google Maps. Al reclamar y optimizar tu perfil en Google My Business, puedes controlar cómo se muestra tu negocio en los resultados de búsqueda locales, lo que te permite destacar información importante como la dirección, el número de teléfono, el horario de atención y las reseñas de clientes.

## Importancia de la optimización de Google My Business

La optimización de tu perfil en Google My Business es crucial para mejorar tu visibilidad en línea y aumentar la probabilidad de que los usuarios encuentren y elijan tu negocio en las búsquedas locales. Un perfil bien optimizado no solo proporciona información útil y precisa a los clientes potenciales, sino que también puede mejorar tu clasificación en los resultados de búsqueda locales y aumentar la confianza y la credibilidad de tu negocio.

## Estrategias de optimización en Google My Business

Reclama y Verifica tu Perfil: El primer paso para optimizar tu presencia en Google My Business es reclamar y verificar tu perfil. Esto te dará acceso completo a todas las funciones de la plataforma y te permitirá controlar y actualizar la información de tu negocio.

**Completa toda la información de tu negocio:** Asegúrate de completar todos los campos disponibles en tu perfil, incluyendo la dirección, el número de teléfono, el horario de atención, el sitio web y una descripción detallada de tu negocio. Cuanta más información proporciones, más útil será tu perfil para los usuarios y para Google.

**Sube fotos de alta calidad:** Las imágenes juegan un papel crucial en la percepción de tu negocio por parte de los usuarios. Sube fotos de alta calidad que muestren tu negocio, tus productos o servicios, tu equipo y cualquier otro aspecto relevante. Esto ayudará a crear una impresión positiva y atractiva de tu negocio.

**Solicita y responde a reseñas:** Las reseñas de clientes son una parte importante de tu perfil en Google My Business. Solicita a tus clientes satisfechos que dejen reseñas positivas y responde de manera profesional y agradecida a todas las reseñas, tanto positivas como negativas. Esto demuestra tu compromiso con la satisfacción del cliente y puede influir positivamente en la percepción de tu negocio.

## Ideas de Prompt para Chat GPT

"¿Cómo puedo optimizar la descripción de mi negocio en mi ficha de Google My Business para destacar lo mejor de mi empresa?"

"Escribe un ejemplo de respuesta profesional a una reseña negativa en mi perfil de Google My Business."

"¿Qué tipo de fotos debería subir a mi perfil de Google My Business para generar una impresión positiva de mi negocio?"

"Explícame cómo puedo utilizar las publicaciones en Google My Business para promocionar ofertas especiales o eventos en mi negocio."

"¿Cuáles son algunas estrategias efectivas para mejorar la clasificación de mi perfil de Google My Business en los resultados de búsqueda locales?"

Estos prompts pueden ayudar a generar ideas sobre cómo optimizar tu perfil en Google My Business y sacar el máximo provecho de esta poderosa herramienta para mejorar tu visibilidad en línea y atraer más clientes locales.

# 7: Seguimiento y análisis de resultados

La capacidad de medir y analizar el rendimiento de tus estrategias es esencial para el éxito a largo plazo de tu negocio. Utilizar herramientas de análisis web te permite rastrear de cerca cómo están funcionando tus tácticas de marketing y SEO local, identificar áreas de mejora y ajustar tu enfoque para obtener resultados óptimos.

## Importancia del seguimiento y análisis de resultados

El seguimiento y análisis de resultados te proporciona información valiosa sobre el rendimiento de tus esfuerzos de marketing y SEO local. Te ayuda a entender qué tácticas están generando resultados positivos, qué áreas necesitan atención y cómo puedes optimizar tu estrategia para obtener el máximo retorno de inversión.

## Herramientas de análisis web

Existen varias herramientas de análisis web disponibles que pueden ayudarte a realizar un seguimiento efectivo de tus resultados. Algunas de las más populares incluyen **Google Analytics**, **Google Search Console, SEMrush, Moz** y **Ahrefs**. Estas herramientas te proporcionan datos detallados sobre el tráfico de tu sitio web, las clasificaciones de búsqueda, las conversiones y mucho más.

# Métricas clave a seguir

Al realizar un seguimiento de tus resultados, es importante prestar atención a una serie de métricas clave que te ayudarán a evaluar el rendimiento de tus estrategias de marketing y SEO local. Algunas de estas métricas incluyen:

**Tráfico orgánico:** Cuántas visitas recibe tu sitio web desde los resultados de búsqueda orgánica.

**Posicionamiento en las búsquedas:** La posición de tu sitio web en los resultados de búsqueda para palabras clave relevantes.

**Tasa de conversión:** El porcentaje de visitantes que realizan una acción deseada en tu sitio web, como completar un formulario o realizar una compra.

**Reputación online:** La cantidad y calidad de las reseñas de clientes en plataformas como Google My Business y Yelp.

**Tasas de rebote y abandono:** Cuántos usuarios abandonan tu sitio web sin interactuar con él, lo que puede indicar problemas de usabilidad o relevancia del contenido.

# Estrategias de Análisis y Seguimiento

**Establece objetivos claros:** Antes de comenzar a analizar tus resultados, asegúrate de tener claros tus objetivos y KPIs (Indicadores Clave de Rendimiento). Esto te ayudará a determinar qué métricas son más importantes y cómo interpretar los datos obtenidos.

**Realiza análisis periódicos:** Programa revisiones regulares de tus datos para identificar tendencias a lo largo del tiempo y realizar ajustes según sea necesario. Esto te permitirá tomar decisiones informadas y mantener tu estrategia de marketing y SEO local en el buen camino.

**Aprende de tus competidores:** Utiliza herramientas de análisis competitivo para comparar el rendimiento de tu sitio web con el de tus competidores. Esto te ayudará a identificar oportunidades de mejora y a mantenerte al tanto de las tendencias del mercado.

**Experimenta y ajusta:** No tengas miedo de experimentar con diferentes estrategias y tácticas de marketing y SEO local. Realiza pruebas A/B, cambia tus mensajes publicitarios y ajusta tu estrategia según los datos que obtengas.

# Ideas de Prompt para Chat GPT

"¿Cómo puedo usar Google Analytics para rastrear el tráfico orgánico en mi sitio web y entender de dónde vienen mis visitantes?"

"Escribe una lista de verificación para revisar el rendimiento de mi sitio web en Google Search Console y tomar medidas para mejorar mi posicionamiento en las búsquedas."

"¿Cuáles son algunas métricas importantes que debo seguir para evaluar la efectividad de mis esfuerzos de marketing local?"

"Explícame cómo puedo utilizar SEMrush para realizar un análisis de la competencia y obtener información sobre las tácticas de marketing de mis competidores."

"¿Qué pasos debo seguir para realizar un análisis de conversión en mi sitio web y optimizar mis tasas de conversión?"

Estos prompts pueden ayudar a generar ideas sobre cómo realizar análisis y seguimiento de resultados de manera efectiva utilizando diversas herramientas y métricas clave.

# 8: Utilización de palabras clave long-tail locales

La elección adecuada de palabras clave es fundamental para aumentar la visibilidad de tu negocio en línea y atraer tráfico altamente relevante. Una estrategia efectiva es la utilización de palabras clave long-tail locales, que son frases más largas y específicas que tienen menos competencia y pueden ayudarte a destacar en los resultados de búsqueda locales. En este capítulo, exploraremos cómo investigar y utilizar palabras clave long-tail (de cola larga) locales para mejorar tu estrategia de SEO y alcanzar a tu audiencia objetivo en tu área geográfica.

## ¿Qué son las palabras clave long-tail locales?

Las palabras clave long-tail locales son frases de búsqueda más específicas y detalladas que los términos genéricos. Estas frases suelen incluir palabras específicas relacionadas con una ubicación geográfica, como una ciudad, barrio o región. Por ejemplo, en lugar de buscar "pizzería", un usuario podría buscar "mejor pizzería en el centro de Madrid". Estas frases long-tail son menos competitivas y tienden a atraer tráfico más relevante y cualificado.

# Ventajas de las palabras clave long-tail locales

**Menos Competencia:** Debido a su naturaleza específica, las palabras clave long-tail locales suelen tener menos competencia en comparación con términos genéricos más amplios. Esto significa que tienes una mejor oportunidad de clasificar en los resultados de búsqueda para estas frases.

**Tráfico más relevante:** Al dirigirte a palabras clave long-tail locales, estás atrayendo a usuarios que tienen una intención de búsqueda más clara y específica. Esto significa que el tráfico que llega a tu sitio web es más probable que esté interesado en tus productos o servicios.

**Mayor tasa de conversión:** Dado que las palabras clave long-tail locales atraen a usuarios con una intención de búsqueda específica, es más probable que generen conversiones, ya que están más cerca de tomar una acción, como realizar una compra o programar una cita.

## Cómo obtener palabras clave long-tail locales

**Realiza investigación de palabras clave:** Utiliza herramientas de investigación de palabras clave como Google Keyword Planner, SEMrush o Ahrefs para identificar palabras clave relevantes para tu negocio y tu área geográfica. Busca términos específicos que reflejen los productos, servicios y ubicación de tu negocio.

**Analiza los resultados de búsqueda locales:** Realiza búsquedas en Google utilizando términos relacionados con tu negocio y tu ubicación para ver qué palabras clave long-tail están utilizando tus competidores y qué resultados aparecen en los primeros lugares. Esto te dará una idea de qué términos son populares entre los usuarios locales.

**Pregunta a tus clientes:** Interactúa con tus clientes actuales y potenciales para comprender mejor cómo buscan información sobre tu negocio en línea. Pregunta qué términos utilizarían para buscar tus productos o servicios en tu área geográfica y utiliza esta información para optimizar tu estrategia de palabras clave.

## Ideas de Prompt para Chat GPT

"¿Cómo puedo investigar palabras clave long-tail locales utilizando Google Keyword Planner?"

"Escribe una lista de palabras clave long-tail específicas para una pizzería en el barrio de Chamberí en Madrid."

"¿Cuáles son algunas estrategias efectivas para identificar palabras clave long-tail locales utilizando análisis de la competencia?"

"Explícame cómo puedo obtener palabras clave long-tail locales para un negocio de fontanería en Barcelona."

"¿Qué herramientas puedo utilizar para realizar una investigación exhaustiva de palabras clave long-tail locales para mi negocio?"

Estos prompts pueden ayudar a generar ideas sobre cómo obtener palabras clave long-tail locales y mejorar tu estrategia de SEO local para atraer tráfico altamente relevante a tu sitio web.

# 9: Fomento de la participación en redes sociales

En la era digital actual, las redes sociales se han convertido en una herramienta indispensable para las empresas locales que desean conectarse con su audiencia y fortalecer su presencia en línea. Fomentar la participación en redes sociales no solo implica tener una presencia activa en plataformas como Facebook, Instagram, Twitter y LinkedIn, sino también involucrar a la comunidad local de manera significativa. En este capítulo, exploraremos estrategias efectivas para crear una presencia activa en redes sociales y fomentar la participación de la comunidad local.

## Construyendo una presencia activa en redes sociales

**Elige las plataformas correctas:** Identifica las plataformas de redes sociales que son más relevantes para tu negocio y tu audiencia objetivo. No es necesario estar presente en todas las plataformas; en su lugar, concéntrate en aquellas donde se encuentra tu audiencia principal.

**Publica contenido relevante y atractivo:** Comparte contenido que sea interesante, útil y relevante para tu audiencia. Esto puede incluir consejos y trucos relacionados con tu industria, noticias locales, promociones especiales y detrás de escena de tu negocio.

**Utiliza multimedia:** Aprovecha el poder del contenido visual para captar la atención de tu audiencia. Publica fotos y videos de alta calidad que muestren tus productos, servicios y el día a día de tu negocio.

**Interactúa con tu audiencia:** Responde a los comentarios, mensajes y menciones de manera oportuna y profesional. Fomenta la conversación y el compromiso respondiendo preguntas, agradeciendo a los seguidores por su apoyo y mostrando interés genuino en sus comentarios y opiniones.

**Promueve la participación:** Crea encuestas, concursos y desafíos que inviten a tus seguidores a participar y compartir su opinión. Esto no solo aumentará la participación en tus publicaciones, sino que también ayudará a crear un sentido de comunidad en torno a tu marca.

## Involucrando a la comunidad local

**Participa en conversaciones locales:** Únete a grupos y comunidades locales en las redes sociales y participa activamente en las conversaciones. Comparte noticias y eventos locales, apoya a otras empresas locales y muestra tu compromiso con la comunidad.

**Organiza eventos y actividades locales:** Organiza eventos, talleres o actividades en tu área local y promociónalos a través de tus redes sociales. Esto te permitirá interactuar directamente con tu audiencia local y fortalecer tus vínculos con la comunidad.

**Colabora con otras empresas locales:** Busca oportunidades de colaboración con otras empresas locales y promociona sus productos o servicios en tus redes sociales. Esto no solo te ayudará a expandir tu alcance, sino que también te permitirá establecer relaciones valiosas en la comunidad empresarial local.

**Apoya causas locales:** Demuestra tu compromiso con la comunidad apoyando causas locales y organizaciones benéficas. Comparte información sobre eventos de recaudación de fondos o iniciativas de servicio comunitario y alienta a tus seguidores a participar y contribuir.

## Ideas de Prompt para Chat GPT

"¿Cómo puedo aumentar la participación en mis publicaciones de redes sociales para mi negocio local?"

"Escribe un mensaje para agradecer a mis seguidores por su apoyo en las redes sociales y animarlos a participar más activamente."

"¿Cuáles son algunas estrategias efectivas para crear contenido visual atractivo para mis redes sociales?"

"Explícame cómo puedo organizar un concurso en mis redes sociales para aumentar la participación de la comunidad local."

"¿Qué tipo de eventos locales puedo organizar para promover mi negocio en las redes sociales y fortalecer los lazos con la comunidad?"

Estos prompts pueden ayudar a generar ideas sobre cómo fomentar la participación en redes sociales y crear una presencia activa en línea que resuene con tu audiencia local.

# 10: Optimización de Landing Pages locales

Las páginas de destino juegan un papel crucial en la conversión de visitantes en clientes potenciales. Cuando se trata de SEO local, la optimización de páginas de destino locales se vuelve aún más importante para dirigir tráfico relevante a tu sitio web y convertirlo en ventas. En este capítulo, exploraremos cómo crear y optimizar páginas de destino específicas para diferentes áreas geográficas que atiendes, con el objetivo de mejorar la conversión de visitantes locales.

## Creación de Landing Pages locales

**Identifica las áreas geográficas relevantes:** Comienza identificando las áreas geográficas que atiendes y que son importantes para tu negocio. Esto puede incluir ciudades, barrios o regiones específicas donde deseas enfocar tus esfuerzos de marketing y SEO local.

**Crea contenido localizado:** Personaliza el contenido de tus páginas de destino para cada área geográfica, incluyendo información relevante sobre productos, servicios y promociones específicas para esa ubicación. Utiliza palabras clave locales y frases que resuenen con la audiencia local.

**Incorpora testimonios de clientes locales:** Agrega testimonios de clientes locales que hayan tenido experiencias positivas con tu negocio en esa área geográfica. Esto ayuda a generar confianza y credibilidad entre los visitantes locales y puede influir en su decisión de convertirse en clientes.

**Utiliza llamados a la acción (CTA) claros y relevantes:** Incluye llamados a la acción claros y específicos que animen a los visitantes locales a tomar medidas, como programar una cita, realizar una compra o ponerse en contacto contigo para obtener más información.

## Optimización de páginas de destino locales

**Optimiza el título y la Meta descripción:** Asegúrate de que el título y la meta descripción de tus páginas de destino contengan palabras clave locales relevantes y describan claramente el contenido de la página. Esto ayudará a mejorar tu posicionamiento en los resultados de búsqueda locales y atraerá a usuarios más cualificados.

**Incluye información de contacto local:** Agrega información de contacto local, como la dirección física, el número de teléfono y el horario de atención, en un lugar destacado de la página. Esto facilita que los visitantes locales se pongan en contacto contigo y aumenta la credibilidad de tu negocio.

**Optimiza la velocidad de carga de la página:** La velocidad de carga de la página es un factor importante tanto para la experiencia del usuario como para el SEO. Asegúrate de que tus páginas de destino se carguen rápidamente en dispositivos móviles y de escritorio para evitar la pérdida de visitantes debido a tiempos de carga prolongados.

**Haz que las páginas sean móviles amigables:** Dado que muchas búsquedas locales se realizan desde dispositivos móviles, es fundamental que tus páginas de destino estén optimizadas para una experiencia móvil fluida. Utiliza un diseño responsivo y asegúrate de que todos los elementos de la página sean fácilmente accesibles y legibles en dispositivos móviles.

## Ideas de Prompt para Chat GPT

**"¿Cómo puedo personalizar el contenido de mis páginas de destino para diferentes áreas geográficas que atiendo?"**

**"Escribe un llamado a la acción claro y relevante para una página de destino local de una empresa de fontanería en Madrid."**

**"¿Cuáles son algunas formas efectivas de incorporar testimonios de clientes locales en mis páginas de destino?"**

"Explícame cómo puedo mejorar la velocidad de carga de mis páginas de destino para optimizar el SEO local."

"¿Qué información de contacto local debería incluir en mis páginas de destino para mejorar la conversión de visitantes locales?"

Estos prompts pueden ayudar a generar ideas sobre cómo optimizar páginas de destino locales para mejorar la conversión de visitantes locales y aumentar la efectividad de tu estrategia de SEO local.

# 11: Publicación de contenido en blogs locales

La colaboración con blogs locales o sitios de noticias puede ser una estrategia poderosa para aumentar la visibilidad de tu negocio y establecerte como una autoridad en tu industria en tu comunidad. Publicar contenido relevante en blogs locales te permite llegar a audiencias locales altamente segmentadas y generar confianza y reconocimiento de marca. En este capítulo, exploraremos cómo aprovechar esta estrategia para impulsar tu presencia en línea y fortalecer tus lazos con la comunidad local.

## Beneficios de publicar en blogs locales

**Alcance local:** Colaborar con blogs locales te permite llegar a audiencias locales que pueden estar interesadas en tus productos o servicios. Esto te ayuda a aumentar la visibilidad de tu negocio entre los residentes locales y atraer tráfico relevante a tu sitio web.

**Credibilidad y autoridad:** Publicar contenido en blogs locales te ayuda a establecerte como una autoridad en tu campo en tu comunidad. Al compartir tu experiencia y conocimientos, demuestras tu experiencia y tu compromiso con tu industria, lo que puede generar confianza entre los lectores locales.

**SEO local:** Los enlaces de retroceso de blogs locales pueden mejorar tu SEO local al aumentar la autoridad de tu sitio web en los motores de búsqueda. Esto puede ayudarte a clasificar más alto en los resultados de búsqueda locales y atraer más tráfico orgánico a tu sitio.

## Estrategias para publicar en blogs locales

**Identifica blogs relevantes:** Investiga blogs locales o sitios de noticias que sean relevantes para tu industria o área de especialización. Busca aquellos que tengan una audiencia activa y comprometida y que estén abiertos a colaboraciones de contenido.

**Propón ideas de artículos relevantes:** Desarrolla ideas de artículos relevantes y útiles que puedan interesar a la audiencia del blog. Asegúrate de que el contenido propuesto sea original, informativo y beneficioso para los lectores.

**Establece relaciones:** Ponte en contacto con los propietarios o editores de los blogs locales y presenta tus ideas de artículo de manera profesional y convincente. Explica cómo tu contenido puede agregar valor a su audiencia y por qué deberían considerar publicarlo en su sitio.

**Escribe con calidad y valor agregado:** Cuando escribas el artículo, asegúrate de que sea de alta calidad y proporcione valor agregado a los lectores. Utiliza ejemplos, datos y casos de estudio relevantes para respaldar tus puntos y hacer que el contenido sea más interesante y relevante.

**Promueve tu contenido:** Una vez que el artículo se haya publicado, compártelo en tus propias redes sociales y sitio web para aumentar su visibilidad. Agradece al blog por la oportunidad y continúa construyendo relaciones con ellos para futuras colaboraciones.

## Ideas de Prompt para Chat GPT

"¿Cómo puedo encontrar blogs locales relevantes para mi negocio y mi audiencia objetivo?"

"Escribe un correo electrónico de presentación para proponer una colaboración de contenido a un blog local."

"¿Cuáles son algunas ideas de artículos relevantes que podría proponer a un blog local de moda en mi área?"

"Explícame cómo puedo escribir un artículo que sea relevante tanto para mi negocio como para la audiencia de un blog local de cocina."

"¿Qué estrategias puedo utilizar para promover un artículo que he publicado en un blog local y aumentar su visibilidad?"

Estos prompts pueden ayudarte a desarrollar ideas para publicar contenido en blogs locales y establecer relaciones valiosas con la comunidad local. Recuerda siempre ofrecer contenido de alta calidad y agregar valor a la audiencia del blog para maximizar los beneficios de esta estrategia de marketing local.

# 12: Ofertas y promociones locales

Las ofertas y promociones son una poderosa herramienta de marketing para atraer y retener clientes, y cuando se adaptan específicamente para el público local, pueden ser aún más efectivas. En este capítulo, exploraremos cómo crear ofertas y promociones que resuenen con tu audiencia local, impulsando así el compromiso, la lealtad y las ventas en tu negocio.

## La importancia de ofrecer ofertas locales

**Atracción de clientes locales:** Las ofertas y promociones locales son una excelente manera de atraer a clientes que viven o trabajan en tu área geográfica. Al ofrecer descuentos y beneficios específicamente dirigidos a ellos, les das una razón adicional para elegir tu negocio sobre la competencia.

**Fomento de la lealtad:** Las ofertas locales pueden ayudar a fortalecer los lazos con tu comunidad. Al demostrar tu aprecio por los residentes locales y ofrecerles incentivos especiales, fomentas la lealtad y el compromiso a largo plazo con tu marca.

**Incremento de las ventas:** Las ofertas y promociones pueden impulsar las ventas al crear un sentido de urgencia y motivar a los clientes a realizar una compra. Esto es cierto cuando se trata de ofertas limitadas en el tiempo o exclusivas para residentes locales.

# Tipos de ofertas y promociones locales

**Descuentos para residentes:** Ofrece descuentos especiales para clientes que puedan demostrar que viven en tu área local. Esto puede incluir descuentos en productos o servicios, o incluso ofertas de "compre uno y llévese otro gratis" en determinados días de la semana.

**Paquetes especiales para eventos locales:** Crea paquetes o promociones especiales para eventos locales, como festivales, ferias o conciertos. Por ejemplo, podrías ofrecer descuentos en entradas para eventos a clientes que realicen una compra en tu negocio.

**Programas de fidelización para clientes frecuentes:** Implementa programas de fidelización que recompensen a los clientes locales por su lealtad. Esto puede incluir acumulación de puntos, descuentos exclusivos o regalos especiales para clientes frecuentes en tu área.

# Estrategias para ofrecer ofertas y promociones locales

**Promoción en redes sociales:** Anuncia tus ofertas y promociones locales en tus perfiles de redes sociales para llegar a tu audiencia local de manera efectiva. Utiliza hashtags relevantes y publica contenido visual atractivo para aumentar el alcance y la participación.

**Publicidad dirigida:** Utiliza la publicidad en línea para dirigirte específicamente a clientes potenciales en tu área geográfica. Segmenta tus anuncios según la ubicación para asegurarte de que lleguen a las personas adecuadas en tu comunidad.

**Colaboración con otros negocios locales:** Trabaja en colaboración con otros negocios locales para crear ofertas y promociones conjuntas. Esto no solo te permite llegar a una audiencia más amplia, sino que también fortalece tus relaciones en la comunidad empresarial local.

## Ideas de Prompt para Chat GPT

"¿Cómo puedo diseñar una oferta especial para residentes locales en mi negocio de restaurante?"

"Escribe un mensaje de redes sociales anunciando una promoción especial para un evento local en tu área."

"¿Cuáles son algunas estrategias efectivas para implementar un programa de fidelización para clientes frecuentes en mi tienda de ropa local?"

"Explícame cómo puedo promocionar una oferta exclusiva para clientes locales utilizando publicidad dirigida en Facebook."

**"¿Qué tipo de colaboraciones puedo establecer con otros negocios locales para crear ofertas y promociones conjuntas?"**

Estos prompts pueden ayudarte a generar ideas sobre cómo ofrecer ofertas y promociones locales de manera efectiva, aumentando así el compromiso y las ventas en tu negocio. Recuerda siempre adaptar tus ofertas a las necesidades y preferencias de tu audiencia local para maximizar su impacto.

# 13: Participación en programas de asociación con organizaciones locales

Colaborar con organizaciones locales es una estrategia poderosa para fortalecer tu presencia en la comunidad y mostrar tu compromiso con el entorno en el que operas. Desde cámaras de comercio hasta asociaciones de vecinos y grupos sin fines de lucro, estas asociaciones pueden proporcionarte oportunidades únicas para aumentar tu visibilidad, construir relaciones significativas y contribuir al desarrollo de la comunidad. En este capítulo, exploraremos cómo participar en programas de asociación con organizaciones locales para impulsar tu negocio y dejar una huella positiva en tu comunidad.

## Beneficios de la participación en programas de asociación

**Mayor visibilidad:** Colaborar con organizaciones locales te brinda la oportunidad de llegar a una audiencia más amplia y aumentar la visibilidad de tu negocio dentro de la comunidad.

**Construcción de relaciones:** Establecer relaciones con organizaciones locales te permite conectarte con líderes y miembros de la comunidad, construyendo así relaciones significativas que pueden beneficiar a tu negocio a largo plazo.

**Credibilidad y confianza:** Al asociarte con organizaciones locales, demuestras tu compromiso con la comunidad y construyes una reputación de confianza y responsabilidad social empresarial.

## Formas de participar en programas de asociación con organizaciones locales

**Patrocinio de eventos:** Patrocinar eventos locales, como ferias, festivales o conferencias, es una excelente manera de aumentar la visibilidad de tu marca y mostrar tu apoyo a la comunidad.

**Voluntariado corporativo:** Ofrecer el tiempo y los recursos de tu empresa para actividades de voluntariado corporativo, como limpiezas de parques o actividades de reforestación, te permite contribuir al bienestar de la comunidad y fortalecer tu imagen de marca.

**Participación en programas educativos:** Colaborar con escuelas locales o programas educativos para ofrecer charlas, talleres o pasantías puede ayudarte a establecer tu marca como un líder en tu industria y atraer talento local.

**Apoyo a iniciativas sin fines de lucro:** Asociarse con organizaciones sin fines de lucro locales para apoyar causas importantes, como la lucha contra el hambre o la protección del medio ambiente, muestra tu compromiso con los valores comunitarios y puede generar una conexión emocional con los clientes.

## Estrategias para participar en programas de asociación con organizaciones locales

**Investigación y selección:** Investiga las organizaciones locales en tu área y selecciona aquellas cuyos valores y misión se alineen con los de tu empresa. Esto garantizará una colaboración genuina y significativa.

**Comunicación y colaboración:** Ponte en contacto con las organizaciones elegidas para discutir posibles formas de colaboración. Escucha sus necesidades y propón ideas que puedan beneficiar a ambas partes.

**Promoción y econocimiento:** Una vez que hayas participado en programas de asociación, asegúrate de promover tus esfuerzos en las redes sociales y otros canales de marketing. Reconoce públicamente a las organizaciones con las que has colaborado y destaca los impactos positivos de tus acciones.

# Ideas de Prompt para Chat GPT

"¿Cómo puedo identificar organizaciones locales con las que colaborar en mi área?"

"Escribe un correo electrónico para proponer una colaboración de patrocinio de eventos a una cámara de comercio local."

"¿Cuáles son algunas formas creativas en las que mi negocio puede apoyar iniciativas sin fines de lucro en mi comunidad?"

"Explícame cómo puedo promocionar nuestra participación en un programa de asociación con una organización local en las redes sociales."

"¿Qué beneficios puede ofrecer el voluntariado corporativo a mi empresa y a la comunidad local?"

Estos prompts pueden ayudarte a generar ideas sobre cómo participar en programas de asociación con organizaciones locales y aprovechar al máximo estas colaboraciones para impulsar tu negocio y contribuir al bienestar de tu comunidad.

# 14: Organización de eventos locales

La organización de eventos locales es una estrategia efectiva para conectar con la comunidad, fortalecer la presencia de tu marca y promover tu negocio de manera significativa. Ya sea a través de talleres, seminarios o actividades de networking, estos eventos ofrecen una oportunidad única para interactuar con clientes potenciales, establecer relaciones sólidas y generar interés local en tus productos o servicios. En este capítulo, exploraremos cómo planificar y ejecutar eventos locales exitosos que impulsen el crecimiento de tu negocio y mejoren tu conexión con la comunidad.

## Beneficios de organizar eventos locales

**Conexión con la comunidad:** Los eventos locales te permiten interactuar cara a cara con miembros de la comunidad, lo que te ayuda a establecer relaciones sólidas y a construir una red de contactos valiosa.

**Aumento de la conciencia de marca:** Los eventos son una excelente manera de aumentar la visibilidad de tu marca en el ámbito local. Al organizar eventos memorables y únicos, puedes dejar una impresión duradera en los asistentes y fortalecer el reconocimiento de tu marca en la comunidad.

**Generación de leads:** Los eventos ofrecen una oportunidad para captar la atención de clientes potenciales y convertirlos en leads cualificados. A través de presentaciones, demostraciones o sesiones de preguntas y respuestas, puedes mostrar los beneficios de tus productos o servicios y generar interés en tu negocio.

## Planificación de eventos locales exitosos

**Definir objetivos y temáticas:** Antes de comenzar la planificación, es importante tener claros los objetivos del evento y la temática que se abordará. ¿Estás buscando educar a la comunidad sobre un tema específico? ¿O tal vez deseas lanzar un nuevo producto o servicio? Define tus objetivos y adapta la temática del evento en consecuencia.

**Selección del lugar y la fecha:** Elige un lugar y una fecha que sean convenientes para tu audiencia objetivo y que se ajusten al tipo de evento que estás organizando. Asegúrate de reservar el lugar con suficiente antelación y considera la posibilidad de elegir un lugar que tenga un significado especial para la comunidad local.

**Promoción del evento:** Utiliza una variedad de canales de marketing para promocionar tu evento, como redes sociales, correo electrónico, anuncios locales y afiches en la comunidad. Destaca los beneficios y aspectos más destacados del evento para atraer la atención de los asistentes potenciales.

**Planificación de contenido y actividades:** Desarrolla un programa detallado que incluya presentaciones, actividades interactivas, demostraciones o sesiones de networking. Asegúrate de que el contenido y las actividades sean relevantes y atractivas para tu audiencia objetivo.

**Atención al detalle:** Presta atención a los detalles pequeños pero importantes, como la señalización, la disposición del espacio, la comida y las bebidas, y el registro de los asistentes. Estos detalles contribuyen a la experiencia general del evento y pueden marcar la diferencia en la satisfacción de los asistentes.

## Ideas de Prompt para Chat GPT

"¿Cuáles son algunas estrategias efectivas para promocionar un taller local en mi comunidad?"

"Escribe un correo electrónico de invitación para un seminario sobre emprendimiento que estoy organizando en mi área."

"¿Qué tipo de actividades puedo incluir en un evento de networking local para fomentar la interacción entre los asistentes?"

"Explícame cómo puedo crear una agenda efectiva para un taller de marketing digital que estoy planeando organizar."

"¿Qué consideraciones debo tener en cuenta al seleccionar un lugar para un evento local en mi comunidad?"

Estos prompts pueden ayudarte a planificar y organizar eventos locales exitosos, asegurando que sean memorables, relevantes y beneficiosos tanto para tu negocio como para la comunidad. Recuerda adaptar tus eventos a las necesidades y preferencias de tu audiencia local para maximizar su impacto y efectividad.

# 15: Creación de contenido localmente relevante

La creación de contenido localmente relevante es una estrategia fundamental para atraer y comprometer a tu audiencia local. Al producir contenido que resuene con los intereses y necesidades específicas de tu comunidad, puedes establecer una conexión más profunda con tus seguidores y aumentar la visibilidad de tu marca en el ámbito local. En este capítulo, exploraremos cómo crear contenido localmente relevante que impulse el compromiso y fortalezca tu presencia en la comunidad.

## Importancia del contenido localmente relevante

**Conexión con la audiencia:** Al abordar temas que son importantes para tu audiencia local, demuestras que entiendes sus preocupaciones y te conviertes en una fuente confiable de información y entretenimiento.

**Diferenciación:** La creación de contenido localmente relevante te ayuda a diferenciarte de la competencia al destacar tu compromiso con la comunidad y tu conocimiento de las necesidades locales.

**Aumento de la visibilidad:** Al centrarte en temas locales, puedes captar la atención de personas que están buscando información específica sobre tu área geográfica, lo que puede aumentar el tráfico a tu sitio web o redes sociales.

## Estrategias para crear contenido localmente relevante

**Mantente informado sobre eventos locales:** Está atento a eventos locales, festivales, ferias y actividades en tu área y crea contenido que los destaque. Puedes escribir artículos previos sobre lo que está por venir, cobertura en vivo durante el evento o resúmenes posteriores.

**Entrevista a figuras locales:** Realiza entrevistas a personas influyentes o líderes en tu comunidad y comparte sus historias y opiniones. Esto no solo ofrece contenido interesante, sino que también te ayuda a establecer conexiones valiosas en la comunidad.

**Ofrece consejos y recursos locales:** Proporciona consejos útiles y recursos relacionados con tu industria pero adaptados a tu área geográfica. Por ejemplo, si tienes un negocio de jardinería, puedes compartir consejos de jardinería específicos para el clima y el suelo de tu región.

**Comparte noticias y actualizaciones locales:** Mantén a tu audiencia informada sobre noticias relevantes en tu comunidad, ya sea relacionadas con eventos, proyectos de desarrollo, cambios en regulaciones locales, o cualquier otro tema que pueda ser de interés.

# Ideas de Prompt para Chat GPT

"Escribe un artículo sobre los mejores eventos culturales que se llevarán a cabo en nuestra ciudad este mes."

"¿Cuáles son algunos consejos útiles para los residentes locales sobre cómo prepararse para la temporada de lluvias en nuestra área?"

"Redacta una entrevista con el alcalde de nuestra ciudad sobre los proyectos de desarrollo en curso en nuestra comunidad."

"¿Cuáles son las últimas noticias sobre el proyecto de construcción de la nueva biblioteca pública en nuestra área?"

"Explícame cómo puedo adaptar mi contenido de fitness para reflejar las preferencias y necesidades de nuestra comunidad local."

Estos prompts pueden ayudarte a generar ideas sobre cómo crear contenido localmente relevante que resuene con tu audiencia y fortalezca tu presencia en la comunidad. Recuerda siempre mantener un enfoque genuino y auténtico al crear contenido que refleje los valores y la identidad de tu área geográfica.

# 16: Participación en entrevistas en medios locales

Participar en entrevistas en medios locales es una excelente manera de compartir tu experiencia y conocimientos en tu industria, al mismo tiempo que aumentas tu visibilidad y credibilidad dentro de la comunidad. Al aparecer en periódicos locales, estaciones de radio o programas de televisión comunitarios, puedes conectarte directamente con tu audiencia local y establecer relaciones valiosas que pueden beneficiar a tu negocio. En este capítulo, exploraremos cómo puedes participar en entrevistas en medios locales de manera efectiva y estratégica.

## Importancia de la participación en entrevistas en medios locales

**Aumento de la visibilidad:** Las entrevistas en medios locales te ofrecen una plataforma para llegar a una audiencia local y destacar tu presencia en la comunidad.

**Credibilidad y autoridad:** Al compartir tus conocimientos y experiencia en un medio de comunicación local, puedes establecerte como un experto en tu campo y aumentar tu credibilidad entre los miembros de la comunidad.

**Conexión con la audiencia:** Participar en entrevistas en medios locales te brinda la oportunidad de conectar directamente con tu audiencia local, mostrando tu compromiso con la comunidad y generando confianza entre los seguidores locales.

## Estrategias para participar en entrevistas en medios locales

**Investigación de medios locales:** Identifica los periódicos, estaciones de radio y programas de televisión locales que lleguen a tu audiencia objetivo. Investiga sobre los periodistas o presentadores y familiarízate con su estilo y enfoque.

**Propuesta de entrevistas:** Ponte en contacto con los medios locales y ofrece tu disposición para participar en entrevistas sobre temas relevantes para tu industria o comunidad. Presenta tu experiencia y los temas que puedes abordar de manera clara y persuasiva.

**Preparación para la entrevista:** Antes de la entrevista, prepárate cuidadosamente revisando los temas que se discutirán, preparando respuestas concisas y practicando tus habilidades de comunicación. Familiarízate con el formato del medio y adapta tu mensaje según sea necesario.

**Seguimiento y agradecimiento:** Después de la entrevista, envía un correo electrónico de agradecimiento al periodista o presentador, expresando tu aprecio por la oportunidad de participar en el programa. Mantén el contacto y aprovecha cualquier oportunidad adicional para colaborar en el futuro.

## Ideas de Prompt para Chat GPT

"Redacta un correo electrónico para proponer una entrevista sobre mi negocio a un periódico local."

"¿Cuáles son algunos consejos para prepararme para una entrevista en la radio sobre mi experiencia en la industria?"

"Explícame cómo puedo adaptar mi mensaje para una entrevista en televisión dirigida a una audiencia local."

"¿Cuáles son los beneficios de participar en entrevistas en medios locales para mi negocio?"

"Escribe un guion para una entrevista en un programa de noticias comunitario sobre el impacto de mi negocio en la comunidad local."

Estos prompts pueden ayudarte a prepararte para participar en entrevistas en medios locales y aprovechar al máximo esta oportunidad para aumentar tu visibilidad y credibilidad dentro de la comunidad. Recuerda siempre comunicarte de manera clara, concisa y auténtica, mostrando tu pasión y compromiso con tu industria y tu comunidad.

# 17: Publicidad en publicaciones impresas locales

La publicidad en publicaciones impresas locales sigue siendo una estrategia efectiva para llegar a audiencias locales y aumentar el reconocimiento de tu marca en tu comunidad. Ya sea a través de periódicos locales, revistas comunitarias o folletos impresos distribuidos en tu área, la publicidad impresa ofrece una oportunidad única para captar la atención de tus clientes potenciales y fortalecer tu presencia en el ámbito local. En este capítulo, exploraremos los beneficios de la publicidad en publicaciones impresas locales y cómo puedes aprovechar esta estrategia de manera efectiva.

## Beneficios de la publicidad en publicaciones impresas locales

**Alcance geográfico específico:** Las publicaciones impresas locales te permiten llegar directamente a tu audiencia objetivo en tu área geográfica, lo que es especialmente útil si tu negocio opera a nivel local o regional.

**Reconocimiento de marca:** Al anunciarte de manera regular en publicaciones locales, puedes aumentar el reconocimiento de tu marca entre los residentes locales y mejorar la percepción de tu negocio en la comunidad.

**Credibilidad y confianza:** La publicidad en publicaciones impresas locales puede aumentar tu credibilidad y confianza entre los lectores locales, ya que demuestra tu compromiso con la comunidad y tu inversión en llegar a ellos de manera directa.

**Segmentación demográfica:** Muchas publicaciones impresas ofrecen opciones de segmentación demográfica, lo que te permite dirigir tu mensaje a grupos específicos dentro de tu audiencia local, como por ejemplo por edad, género o intereses.

## Estrategias para publicidad en publicaciones impresas locales

**Identificar publicaciones relevantes:** Investiga las publicaciones impresas locales en tu área y elige aquellas que lleguen a tu audiencia objetivo y se alineen con los valores y la imagen de tu marca.

**Desarrollar un mensaje impactante:** Crea anuncios atractivos y creativos que capturen la atención de los lectores y comuniquen claramente los beneficios de tu producto o servicio. Utiliza imágenes llamativas y mensajes concisos para maximizar el impacto.

**Planificar la frecuencia y el formato:** Decide la frecuencia con la que deseas aparecer en las publicaciones y el formato de los anuncios, ya sea en forma de anuncios de display, anuncios clasificados o patrocinios de secciones específicas.

**Seguimiento y evaluación:** Realiza un seguimiento de la efectividad de tus anuncios en publicaciones impresas mediante el monitoreo de las respuestas de los clientes, el tráfico en tu sitio web o las ventas generadas. Utiliza esta información para ajustar tu estrategia y maximizar el retorno de tu inversión publicitaria.

## Ideas de Prompt para Chat GPT

"¿Cuáles son algunas estrategias efectivas para diseñar anuncios impresos atractivos para publicaciones locales?"

"Explícame cómo puedo determinar la frecuencia ideal para aparecer en un periódico local con mi publicidad."

"¿Cuáles son los costos típicos asociados con la publicidad en revistas comunitarias en mi área?"

"Escribe un ejemplo de anuncio clasificado para promocionar mi negocio en un periódico local."

"¿Cómo puedo maximizar el impacto de mi publicidad en folletos distribuidos en mi comunidad?"

Estos prompts pueden ayudarte a explorar diferentes aspectos de la publicidad en publicaciones impresas locales y a desarrollar una estrategia efectiva para promocionar tu negocio en tu comunidad. Recuerda adaptar tu enfoque a las necesidades y preferencias de tu audiencia local para obtener los mejores resultados.

# 18: Colaboración con influencers locales

La colaboración con influencers locales puede ser una estrategia poderosa para aumentar la visibilidad de tu negocio y llegar a una audiencia relevante en tu área. Los influencers locales tienen una conexión más estrecha con su audiencia y pueden ofrecer recomendaciones auténticas y genuinas sobre productos o servicios locales. En este capítulo, exploraremos cómo puedes identificar y colaborar con influencers locales de manera efectiva para promocionar tu negocio.

## Beneficios de colaborar con influencers locales

**Audiencia relevante:** Los influencers locales tienen seguidores que residen en tu área geográfica, lo que significa que tu mensaje llegará a personas que son más propensas a convertirse en clientes potenciales.

**Autenticidad y credibilidad:** Las recomendaciones de influencers locales se perciben como más auténticas y creíbles, ya que provienen de personas que son conocidas y confiables en la comunidad.

**Alcance ampliado:** La colaboración con influencers te permite llegar a una audiencia más amplia a través de sus plataformas de redes sociales, blogs y otros canales, lo que aumenta la visibilidad de tu negocio.

**Generación de contenido:** Los influencers pueden crear contenido creativo y atractivo que destaque tus productos o servicios, lo que te proporciona material para compartir en tus propias plataformas y mantener la relevancia en línea.

## Estrategias para colaborar con influencers locales

**Investigación de influencers:** Identifica influencers locales que tengan una audiencia relevante para tu negocio y cuya marca personal se alinee con los valores y la imagen de tu marca.

**Acercamiento personalizado:** Ponte en contacto con los influencers de manera personalizada y muestra interés genuino en su trabajo y su audiencia. Proporciona detalles específicos sobre cómo podrían beneficiarse de una colaboración contigo.

**Oferta de valor:** Proporciona a los influencers productos gratuitos o servicios exclusivos a cambio de menciones en sus plataformas de redes sociales, blogs o videos. También puedes ofrecerles descuentos especiales para sus seguidores.

**Estrategia de contenido:** Trabaja en colaboración con los influencers para desarrollar una estrategia de contenido que resalte los aspectos más destacados de tus productos o servicios y se ajuste al estilo y tono de su plataforma.

# Ideas de Prompt para Chat GPT

"¿Cuáles son algunos ejemplos de productos o servicios que podríamos ofrecer a influencers locales como parte de una colaboración?"

"Explícame cómo puedo encontrar influencers locales en mi área que sean relevantes para mi negocio."

"¿Cuál es la mejor manera de acercarme a un influencer local para proponer una colaboración?"

"Escribe un mensaje de correo electrónico para ofrecer una colaboración a un micro influencer local que tenga seguidores en nuestra área."

"¿Qué tipo de contenido deberíamos pedir a un influencer local como parte de nuestra colaboración?"

Estos prompts pueden ayudarte a generar ideas y desarrollar una estrategia efectiva para colaborar con influencers locales y promocionar tu negocio en tu comunidad. Recuerda siempre establecer relaciones auténticas y transparentes con los influencers y trabajar juntos para crear contenido valioso para su audiencia compartida.

# 19: Participación en programas de radio o podcasts locales

Participar como invitado en programas de radio o podcasts locales puede ser una estrategia efectiva para aumentar la visibilidad de tu negocio y llegar a una audiencia local comprometida. Estos medios de comunicación ofrecen una plataforma única para compartir tus conocimientos, experiencias y perspectivas con la comunidad, estableciendo así tu autoridad en tu industria y generando interés en tu marca. En este capítulo, exploraremos cómo puedes aprovechar las oportunidades para participar en programas de radio o podcasts locales de manera efectiva y estratégica.

## Beneficios de participar en programas de radio o podcasts locales

**Alcance local relevante:** Los programas de radio y podcasts locales tienen una audiencia arraigada en tu comunidad, lo que te permite llegar a personas que son más propensas a estar interesadas en tu negocio o industria.

**Establecimiento de autoridad:** Al compartir tus conocimientos y experiencias en un medio de comunicación respetado y popular, puedes establecerte como un experto en tu campo y aumentar tu credibilidad entre los oyentes.

**Conexión personal:** Participar en programas de radio o podcasts te permite conectarte directamente con la audiencia a través de la voz, lo que puede generar una conexión más personal y auténtica que otros medios de comunicación.

**Generación de tráfico y leads (clientes potenciales):** Al proporcionar información valiosa y atractiva en el programa, puedes dirigir a los oyentes a tu sitio web o redes sociales, generando así tráfico y leads potenciales para tu negocio.

## Estrategias para participar en programas de radio o podcasts locales

**Investigación de oportunidades:** Investiga programas de radio y podcasts locales que se centren en temas relacionados con tu industria, área de especialización o intereses de tu audiencia objetivo.

**Contacto con los anfitriones:** Ponte en contacto con los anfitriones o productores de los programas de radio o podcasts y propón tu participación como invitado. Presenta tus credenciales y explica cómo tu experiencia podría ser relevante para su audiencia.

**Preparación del contenido:** Prepara material relevante y atractivo que puedas compartir durante tu participación en el programa, como datos interesantes, anécdotas significativas o consejos prácticos.

**Promoción de la aparición:** Una vez confirmada tu participación en el programa, promociona la aparición en tus propias redes sociales y plataformas para generar interés y aumentar la audiencia.

## Ideas de Prompt para Chat GPT

"Redacta un correo electrónico para proponer tu participación como invitado en un programa de radio local que se centre en tu área de especialización."

"¿Cuáles son algunos consejos para prepararse para una entrevista en un podcast local sobre el lanzamiento de un nuevo producto?"

"Explícame cómo puedo adaptar mi mensaje para una audiencia local en un programa de radio de noticias comunitarias."

"Escribe un guión para una intervención en un programa de podcasts sobre el impacto de mi negocio en la comunidad local."

"¿Cuál es la mejor manera de seguir promocionando mi participación en un programa de radio local después de que se haya emitido?"

Estos prompts pueden ayudarte a desarrollar una estrategia efectiva para participar en programas de radio o podcasts locales y aprovechar al máximo esta oportunidad para promocionar tu negocio y establecerte como una autoridad en tu industria. Recuerda siempre prepararte adecuadamente y ofrecer contenido valioso y relevante para la audiencia del programa.

# 20: Organización de concursos o sorteos locales

Los concursos y sorteos son una excelente manera de aumentar la participación de la comunidad y generar interés en tu marca a nivel local. Organizar este tipo de eventos en tus redes sociales o en colaboración con otros negocios locales puede ayudarte a fortalecer tu presencia en la comunidad y atraer la atención de potenciales clientes. En este capítulo, exploraremos cómo puedes organizar concursos o sorteos locales de manera efectiva para impulsar el compromiso y la visibilidad de tu marca.

## Beneficios de organizar concursos o sorteos locales

**Interacción con la comunidad:** Los concursos y sorteos son una forma divertida y atractiva de interactuar con la comunidad local, fomentando la participación y generando un sentido de pertenencia.

**Aumento de la visibilidad:** Al promocionar el concurso en medios locales, puedes alcanzar a una audiencia más amplia y aumentar la visibilidad de tu marca en tu área geográfica.

**Generación de leads:** Los concursos y sorteos pueden ayudarte a captar la atención de potenciales clientes y atraerlos a tu negocio, lo que puede generar leads y aumentar las ventas a largo plazo.

**Colaboración con otros negocios:** Organizar concursos o sorteos en colaboración con otros negocios locales puede crear sinergias beneficiosas y fortalecer las relaciones en la comunidad empresarial.

## Estrategias para organizar concursos o sorteos locales

**Establecer objetivos claros:** Antes de organizar un concurso o sorteo, define claramente tus objetivos, ya sea aumentar la visibilidad de tu marca, impulsar las ventas o generar leads.

**Seleccionar el premio correcto:** Elige un premio atractivo y relevante para tu audiencia local, como productos o servicios de tu negocio, tarjetas de regalo o experiencias locales.

**Definir las reglas y condiciones:** Establece reglas claras y condiciones de participación para el concurso o sorteo, incluyendo fechas de inicio y fin, requisitos de participación y cómo se seleccionará al ganador.

**Promoción efectiva:** Promociona el concurso o sorteo en tus redes sociales, sitio web y otros medios locales, y considera colaborar con otros negocios para ampliar el alcance.

**Seguimiento y análisis:** Realiza un seguimiento del rendimiento del concurso o sorteo, incluyendo la participación, el compromiso y los resultados obtenidos. Utiliza esta información para mejorar futuros eventos y estrategias de marketing.

## Ideas de Prompt para Chat GPT

"¿Cuáles son algunas ideas creativas para premios que podríamos ofrecer en un concurso local de redes sociales?"

"Explícame cómo podemos promocionar eficazmente un sorteo local en colaboración con otros negocios de nuestra área."

"Escribe una publicación de redes sociales para anunciar nuestro próximo concurso local y explicar cómo participar."

"¿Cuál es la mejor manera de seleccionar al ganador de un sorteo local de manera justa y transparente?"

"¿Qué estrategias podemos usar para generar interés y participación en nuestro concurso local entre la comunidad?"

Estos prompts pueden ayudarte a desarrollar ideas y estrategias efectivas para organizar concursos o sorteos locales y aumentar el compromiso y la visibilidad de tu marca en tu comunidad. Recuerda siempre mantener la transparencia y la honestidad en tus acciones y ofrecer premios atractivos y relevantes para tu audiencia local.

# 21: Publicación de anuncios en directorios impresos locales

A pesar de la creciente prevalencia de las plataformas digitales, la publicación de anuncios en directorios impresos locales sigue siendo una estrategia relevante para llegar a audiencias específicas en tu área geográfica. Los directorios impresos, como guías telefónicas o listados de negocios locales, aún tienen su lugar en el mercado y pueden ser una herramienta efectiva para promocionar tu negocio localmente. En este capítulo, exploraremos los beneficios de publicar anuncios en directorios impresos locales y cómo puedes aprovechar esta oportunidad para aumentar la visibilidad de tu marca.

## Beneficios de publicar anuncios en directorios impresos locales

**Alcance geográfico específico:** Los directorios impresos locales te permiten llegar directamente a las personas que viven o trabajan en tu área de servicio, lo que es especialmente útil si tu negocio opera a nivel local o regional.

**Visibilidad duradera:** A diferencia de los anuncios digitales que pueden perderse entre la multitud, los anuncios impresos en directorios locales tienen una presencia física y duradera, lo que aumenta las posibilidades de que sean vistos por tu audiencia objetivo.

**Demanda percibida:** Aunque los directorios impresos han disminuido en popularidad, todavía son considerados como una fuente confiable de información por muchas personas, lo que aumenta la credibilidad y la percepción de tu negocio entre los lectores.

**Segmentación específica:** Al publicar anuncios en directorios impresos locales, puedes dirigirte específicamente a segmentos demográficos o áreas geográficas particulares dentro de tu comunidad, lo que aumenta la relevancia y efectividad de tu mensaje.

## Estrategias para publicar en directorios impresos locales

**Selección de directorios relevantes:** Investiga los directorios impresos locales disponibles en tu área y elige aquellos que lleguen a tu audiencia objetivo y se alineen con los valores y la imagen de tu marca.

**Diseño atractivo y claro:** Crea anuncios visualmente atractivos y con un mensaje claro y conciso que destaque los beneficios de tu negocio y motive a los lectores a tomar acción.

**Inclusión de información esencial:** Asegúrate de incluir toda la información esencial de tu negocio en el anuncio, como el nombre de la empresa, la dirección, el número de teléfono y el sitio web, para facilitar que los lectores te encuentren y se pongan en contacto contigo.

**Seguimiento y evaluación:** Realiza un seguimiento del rendimiento de tus anuncios en directorios impresos mediante el monitoreo de las respuestas de los clientes o la generación de leads. Utiliza esta información para evaluar la efectividad de tu inversión y realizar ajustes si es necesario.

## Ideas de Prompt para Chat GPT

"¿Cuál es la mejor manera de diseñar un anuncio efectivo para publicar en un directorio impreso local?"

"Explícame cómo puedo determinar qué directorios impresos son los más adecuados para mi negocio en mi área."

"Escribe un ejemplo de texto para un anuncio en un directorio impreso que destaque los servicios de mi negocio."

"¿Cuáles son algunas estrategias que puedo usar para hacer que mi anuncio se destaque en un directorio impreso lleno de otros anuncios?"

"¿Qué información esencial debería incluir en mi anuncio para maximizar su efectividad en un directorio impreso local?"

Estos prompts pueden ayudarte a desarrollar una estrategia efectiva para publicar anuncios en directorios impresos locales y aprovechar al máximo esta oportunidad para aumentar la visibilidad de tu negocio en tu comunidad. Recuerda siempre adaptar tu enfoque a las necesidades y preferencias de tu audiencia local para obtener los mejores resultados.

# 22: Patrocinio de eventos locales

El patrocinio de eventos locales es una estrategia poderosa para aumentar la exposición de tu marca, fortalecer tu presencia en la comunidad y mostrar tu compromiso con el desarrollo local. Al asociarte con eventos como ferias, festivales o actividades deportivas, puedes aprovechar la oportunidad para llegar a una audiencia relevante y crear conexiones significativas con clientes potenciales. En este capítulo, exploraremos los beneficios del patrocinio de eventos locales y cómo puedes implementar esta estrategia de manera efectiva para impulsar tu marca.

## Beneficios del patrocinio de eventos locales

**Exposición de marca:** Al patrocinar un evento local, tu marca estará presente en todos los materiales promocionales del evento, como pancartas, carteles, programas y redes sociales, lo que aumentará significativamente la visibilidad de tu negocio.

**Posicionamiento de marca:** El patrocinio de eventos te permite asociar tu marca con valores positivos y actividades comunitarias, lo que puede mejorar la percepción de tu negocio y fortalecer tu posición en el mercado local.

**Generación de leads:** Participar en eventos locales te brinda la oportunidad de interactuar directamente con clientes potenciales, recopilar información de contacto y generar leads que pueden convertirse en ventas futuras.

**Conexiones comunitarias:** El patrocinio de eventos te permite establecer relaciones sólidas con otros negocios locales, organizadores de eventos y líderes comunitarios, lo que puede abrir nuevas oportunidades de colaboración y crecimiento para tu negocio.

## Estrategias para patrocinar eventos locales

**Selección de eventos relevantes:** Identifica eventos locales que estén alineados con los valores y la audiencia de tu marca. Busca eventos que atraigan a tu público objetivo y ofrezcan oportunidades significativas de exposición.

**Negociación de beneficios:** Al negociar el acuerdo de patrocinio, asegúrate de que tu marca reciba una exposición destacada en todos los materiales promocionales del evento, como menciones en redes sociales, logotipos en pancartas y reconocimiento en el programa del evento.

**Activaciones de marca:** Crea experiencias interactivas o activaciones de marca en el evento para involucrar a los asistentes y destacar los productos o servicios de tu negocio. Esto puede incluir muestras gratuitas, demostraciones en vivo o actividades de participación.

**Seguimiento post-evento:** Después del evento, realiza un seguimiento con los contactos que hayas generado y evalúa el retorno de inversión de tu patrocinio. Analiza qué aspectos del evento fueron más efectivos y considera futuras oportunidades de patrocinio.

## Ideas de Prompt para Chat GPT

"¿Cuáles son algunas formas creativas de activar nuestra marca en un evento local que estamos patrocinando?"

"Explícame cómo puedo negociar un acuerdo de patrocinio que maximice la exposición de mi marca en un evento local."

"Escribe un correo electrónico para solicitar información sobre oportunidades de patrocinio en un evento local relevante para nuestro negocio."

"¿Cuál es la mejor manera de medir el éxito de nuestro patrocinio de un evento local y evaluar el retorno de inversión?"

"¿Qué estrategias podemos utilizar para maximizar la participación de los asistentes y generar leads en el evento que estamos patrocinando?"

Estos prompts pueden ayudarte a desarrollar una estrategia efectiva para patrocinar eventos locales y aprovechar al máximo esta oportunidad para aumentar la visibilidad y el compromiso de tu marca en tu comunidad. Recuerda siempre adaptar tus acciones a las necesidades y preferencias de tu audiencia local para obtener los mejores resultados.

# Conclusión

A lo largo de este libro, hemos explorado diversas estrategias y técnicas para potenciar tu negocio a nivel local mediante el marketing y el SEO. Desde la optimización de tu presencia en línea hasta la participación activa en la comunidad, cada capítulo ha estado diseñado para proporcionarte herramientas prácticas y efectivas que te ayudarán a destacar en tu área geográfica y atraer a clientes locales.

Es fundamental reconocer la importancia de la conexión con la comunidad en la que operas. Al enfocarte en establecer relaciones sólidas y ofrecer valor a tus clientes locales, estás construyendo los cimientos para un crecimiento sostenible y duradero.

Recuerda que el éxito en el ámbito local no se logra de la noche a la mañana, sino a través de un compromiso constante y una estrategia bien elaborada. Mantén la mente abierta a la experimentación y adapta tus enfoques según las necesidades cambiantes de tu mercado.

Ahora te invito a que pongas en práctica todo lo que has aprendido en este libro. Implementa una o varias de las estrategias que hemos discutido y observa cómo impactan positivamente en tu negocio. Recuerda que cada paso que das hacia adelante, por pequeño que sea, te acerca un paso más hacia tus metas comerciales.

Finalmente, me gustaría pedirte un pequeño favor. Si has encontrado útil este libro y te ha ayudado en tu camino hacia el éxito local, te invito cordialmente a que compartas tu experiencia dejando una valoración y una reseña en el sitio web del producto de Amazon. Tu opinión no solo ayudará a otros lectores a tomar decisiones informadas, sino que también me brindará valiosos comentarios que me permitirán mejorar en futuras ediciones.

¡Gracias por acompañarme en este viaje hacia el éxito local! Te deseo todo lo mejor en tu camino empresarial y espero que este libro haya sido una herramienta útil y motivadora para ti.

www.ingramcontent.com/pod-product-compliance
Lightning Source LLC
Chambersburg PA
CBHW071102240526
45471CB00016B/2303